AF391058

COLLECTION DECK

FAÏENCES ET PORCELAINES

ANCIENNES

PIÈCES D'ÉCHANTILLON DE DECK

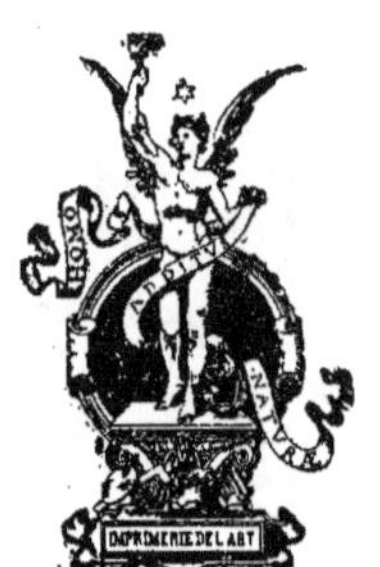

IMPRIMERIE DE L'ART

CATALOGUE

DES

FAIENCES ET PORCELAINES

ANCIENNES

PIÈCES D'ÉCHANTILLON DE DECK

Composant la Collection DECK

ET DONT LA VENTE AURA LIEU

Par suite de décès

HOTEL DROUOT, SALLE N° 2

LE VENDREDI 15 AVRIL 1904

à deux heures

COMMISSAIRES-PRISEURS

Me LÉON TUAL	Me FONTAINE
56, rue de la Victoire	5, rue Laffitte

EXPERTS

MM. MANNHEIM, 7, rue Saint-Georges

EXPOSITION PUBLIQUE

Le Jeudi 14 Avril 1904, de 1 heure 1/2 à 5 heures 1/2

CONDITIONS DE LA VENTE

Elle sera faite au comptant.

Les acquéreurs paieront *dix pour cent* en sus des prix d'adjudication.

L'exposition mettant le public à même de se rendre compte de l'état et de la nature des objets, aucune réclamation ne sera admise, une fois l'adjudication prononcée.

Paris. — Imprimerie de l'Art, E. MOREAU ET Cⁱᵉ, 41, rue de la Victoire.

# DÉSIGNATION

FAIENCES

1 — Plaque à quatre personnages. Faïence de Perse.

2 — Flacon quadrilatéral en faïence de Perse, à personnages.

3 — Petit plat creux. Décor bleu. Rinceaux. Ancienne faïence de Perse.

4 — Plaque en faïence de Perse. Femme et cavaliers.

5 — Carafe de khalian, décorée en bleu. Ancienne faïence de Perse.

6 — Bol décoré de fleurs en bleu. Ancienne faïence de Perse.

7 — Plaque en ancienne faïence de Perse. Inscription et fleurs en bleu avec reflets métalliques.

8 — Plaque de revêtement. Inscription et oiseaux en bleu, avec reflets métalliques. Même faïence.

9 — Broc, décoré de fleurs, en ancienne faïence de Rhodes.

10 — Petit plat, fleurs. Ancienne faïence de Rhodes.

11 — Autre plat, même faïence.

12 — Lot de carreaux en ancienne faïence de Rhodes.

13 — Lot de carreaux en ancienne faïence de Damas.

14 — Plat creux à ombilic. Décor à reflets métalliques. Ancienne faïence hispano-mauresque.

15 — Plat creux à ombilic. Décor en bleu et à reflets métalliques. Même faïence.

16 — Plat creux à ombilic. Décor de feuilles en bleu avec reflets métalliques. Même faïence.

17 — Plat creux orné d'un animal. Décor à reflets métalliques. Ancienne faïence hispano-mauresque.

18 — Vasque décorée de fleurs, reflets métalliques. Ancienne faïence de Manissès.

19 — Deux plats, ornés d'une quartefeuille. Ancienne faïence de Manissès.

20 — Plat creux, oiseaux. Ancienne faïence de Manissès.

21 — Deux plats creux en ancienne faïence de Manissès.

22 — Vase décoré de fleurs et animaux en bleu. Ancienne faïence italienne.

23 — Deux plats, décor bleu. Corbeille de fleurs. Ancienne faïence de Delft.

24 — Petite bouteille. Sujets de chasse en bleu. Ancienne faïence de Delft.

25 — Deux assiettes décorées de fleurs en blanc sur fond bleu de Perse. Ancienne faïence de Nevers.

26 — Assiette en ancienne faïence de Rouen, décor à la corne.

27 — Saladier carré. Même faïence.

28 — Assiette. Même faïence. Haie fleurie. Marli à compartiments.

29 — Couvercle. Même faïence. Décor à la corne.

30 — Assiette. Même faïence. Décor au carquois.

PORCELAINES

31 — Broc décoré de fleurs en ancienne porcelaine de Chantilly.

(Vente Séchan.)

32 — Cafetière décorée de fleurs, en ancienne porcelaine de Frankenthal.

33 — Théière décorée de fleurs, ancienne porcelaine d'Allemagne.

34 — Grand plat creux, orné d'un quadrillé et de feuillages. Ancien céladon vert de la Chine.

35 — Petit plat creux. Décor de fleurs en rouge de fer. Ancienne porcelaine de Chine.

36 — Plat creux. Décor bleu. Fleurs et palmettes. Ancienne porcelaine de Chine.

37 — Plat creux. Décor bleu. Corbeille de fleurs. Ancienne porcelaine de Chine.

38 — Vase en ancien céladon bleu-turquoise de la Chine.

39 — Vase, forme losange, en ancien flambé de la Chine.

40 — Vase : col à bords festonnés; ancien flambé
de la Chine.

41 — Bouteille à panse surbaissée, ornée de zones,
décorées en rouge de cuivre, fond gris-verdâtre.
Porcelaine de Chine.

42 — Jardinière émaillée, couleur bronze. Ancienne
porcelaine de Chine.

43 — Vase cylindrique, orné de deux groupes d'attri-
buts. Ancien blanc de Chine.

44 — Vase-balustre à anses-têtes d'éléphants, en
ancienne porcelaine blanche de la Chine.

45 — Deux vases avec renflements aux cols, en
ancien céladon gris-craquelé de la Chine, avec
zones réservées en biscuit brun.

46 — Deux vases en ancien céladon gris et vert-cra-
quelé de la Chine, avec zones réservées en biscuit brun.

47 — Grand vase décoré sur la panse et le col de
fleurs et ustensiles sur fond bleu. Epaulement
en céladon gris-craquelé avec zone réservée en
biscuit brun. Ancienne porcelaine de Chine.

(*Vente Séchan.*)

48 — Vase, à panse ovoïde décoré de fleurs gravées sous couverte. Anses-mascarons. Ancien céladon bleu-turquoise de la Chine.

49 — Bouteille ornée de chiens de Fô en bleu. Ancienne porcelaine de Chine.

50 — Vase à panse quadrilatérale en ancien céladon gris-craquelé de la Chine.

51 — Vase-balustre plat, décoré en rouge de cuivre. Ancienne porcelaine de Chine.

52 — Vase à panse cylindrique, décoré sur fond gros-bleu de motifs irréguliers émaillés bleu-clair. Ancienne porcelaine de Chine.

53 — Plat creux en ancien céladon gris-craquelé de la Chine.

54 — Plat creux, décoré en bleu, à surface couverte de fleurs. Ancienne porcelaine de Chine.

55 — Grand cornet cylindrique; décor doré sur fond bleu. Ancienne porcelaine de Chine.

56 — Bouteille ornée d'un dragon. Ancienne porcelaine blanche de Chine.

57 — Pot cylindrique avec couvercle en ancien céladon bleu-turquoise de la Chine.

58 — Bouteille en céladon gris-craquelé de la
Chine.

59 — Vase à compartiments de fleurs en bleu.
Ancienne porcelaine de Chine.

60 — Vase en céladon verdâtre de la Chine, orné
d'arbustes, émaillés blanc.

61 — Vase-rouleau à grands compartiments de
branches fleuries en rouge et or. Ancienne porcelaine de Chine.

62 — Grand plat creux en ancien céladon vert de la
Chine, gravé sous couverte.

63 — Plat creux en ancien céladon vert de la Chine,
décoré d'un quadrillé et de cannelures.

64 — Plat rond. Décor bleu. Fleurs. Ancienne porcelaine de Chine.

65 — Plat rond. Décor bleu. Fleurs. Marli à lam-
brequins. Ancienne porcelaine de Chine.

66 — Plat creux. Décor bleu à quatre petits médail-
lons. Même porcelaine.

67 — Petit plat rond. Décor bleu. Marli carrelé.
Même porcelaine.

68 — Plat rond. Décor bleu. Ustensiles et fleurs.
Même porcelaine.

69 — Deux grands vases en céladon verdâtre de la
Chine, gaufrés sous couverte avec branches
fleuries.

70 — Petit plat décoré de fleurs en couleurs. Ancienne porcelaine de Chine, famille rose.

71 — Grand plat, branches fleuries. Ancienne porcelaine de Chine, famille rose.

72 — Bassin en ancienne porcelaine de Chine,
famille rose.

73 — Vase décoré de zones de fleurs en bleu. Porcelaine de Chine. Époque Kien-Lung.

74 — Deux vases ornés de rinceaux sur fond bleu-
pâle. Porcelaine de Chine.

75 — Grand plat creux, décor bleu, fleurs et compartiments rayonnants. Même porcelaine.

76 — Grand plat creux, décor en bleu, large bor-
dure vermiculée. Même porcelaine.

77 — Grand plat en porcelaine du Japon à personnages.

GRÈS, BRONZES

78 — Deux chimères en grès chinois.

79 — Vase orné de deux dragons, flambés gris-bleuté, en grès japonais.

80 — Vase piriforme à deux anses en bronze de la Chine.

81 — Vase-balustre en bronze de la Chine.

82 — Cornet porté par un éléphant. Bronze de la Chine.

83 — Jardinière ornée de dragons en bronze du Japon.

84 — Bassin en cuivre gravé de la Perse.

CÉRAMIQUE DE DECK

85 — Gourde en porcelaine émaillée rouge. Pièce d'échantillon.

86 — Bouteille ornée d'un dragon en ronde-bosse, émaillée jaune de cuivre. Porcelaine. Pièce d'échantillon.

87 — Autre analogue avec grenade.

88 — Statuette de femme sur un poisson. Porcelaine. Pièce d'échantillon.

89 — Autre analogue.

90 — Deux cornets cylindriques ornés de dragons en porcelaine flammée violet. Pièce d'échantillon.

91 — Petite bouteille en porcelaine flammée violet. Pièce d'échantillon. Base en bronze.

92 — Petit vase décoré de fleurs sur fond flammé rougeâtre. Porcelaine. Pièce d'échantillon. Base en bronze.

93 — Vase décoré d'un dragon, fond flammé bleuâtre. Porcelaine. Pièce d'échantillon.

94 — Petit vase flammé gris et rouge. Pièce d'échantillon. Base en bronze.

95 — Objets non catalogués.

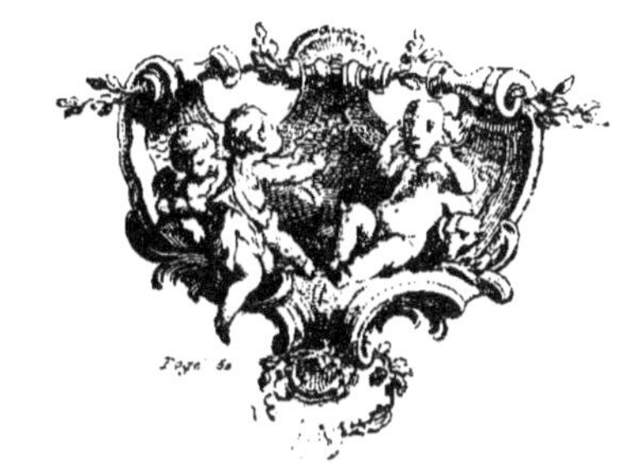